LE GRAND IMAGIER
d'Arthur et Zoé

Des légumes

un champignon

du maïs

un chou-fleur

un oignon

une carotte

Des appareils électroménagers

une cuisinière

un lave-linge

un réfrigérateur

Des moyens de transport

une moto

une voiture

un hélicoptère

un bateau

Des animaux de la ferme

une poule

un coq

une vache

un poussin

Des animaux sauvages

Des fruits

une fraise

une mandarine

une pomme

une banane

Des jouets

un robot

une boîte à surprise

une marionnette

Des vêtements

un blouson

des chaussures

un bonnet

un gilet

Des affaires d'école

une gomme

un cartable

des punaises

un crayon

une boîte de peinture

Des animaux marins

une étoile de mer

une baleine

un dauphin

une pieuvre

Des animaux de la forêt

un écureuil

un cerf

un renard

un hérisson

Des légumes

un artichaut

une laitue

des petits pois

un poireau

Des vêtements

des chaussettes

des baskets

une écharpe

un short

Des métiers

un acteur   une infirmière

Du mobilier

un canapé

une armoire

une commode

Des animaux de la maison

Des oiseaux

un paon

un vautour

un hibou

un aigle

Des moyens de transport

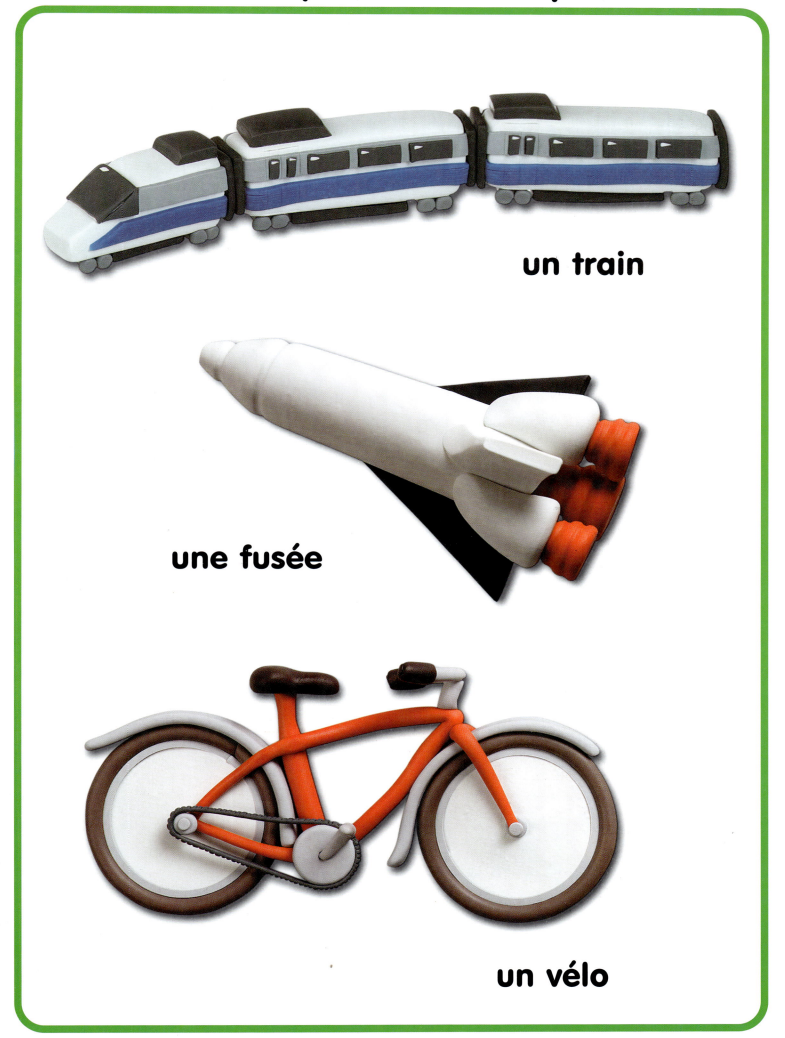

un train

une fusée

un vélo

Des métiers

un cuisinier

un pilote

une danseuse

Des vêtements

un sweat-shirt

un débardeur

un pull

un pantalon

Des jouets

un chien à roulettes

des cubes

un château fort

une locomotive

De petits animaux

Des animaux sauvages

un gorille

un kangourou

un tigre

un bison

Fruits et légumes

une tomate

une aubergine

un concombre

une courgette

Des fruits

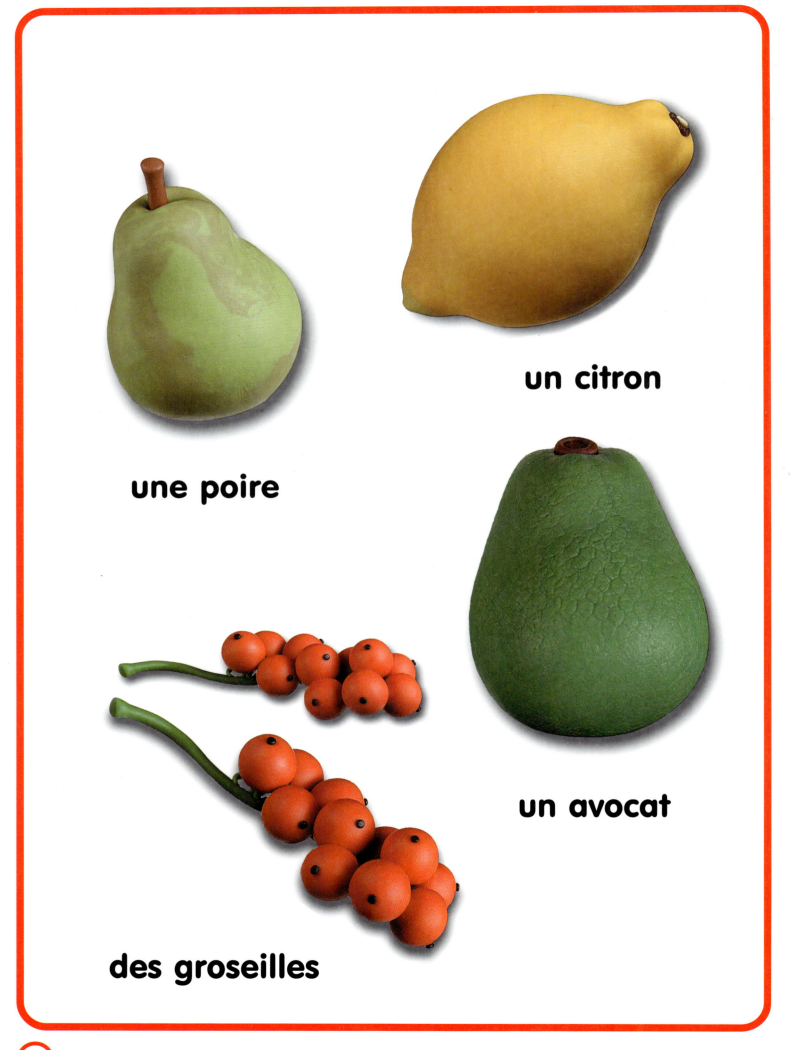

Des métiers

un boucher

un plongeur

un artiste

Des affaires d'école

un tableau

des craies

des feutres

un taille-crayon

une règle

Des animaux de la ferme

un cochon

une chèvre

un lapin

un âne

Des animaux marins

un phoque

un poisson rouge

un requin

un crabe

Dans la salle de bain

un lavabo

une douche

une baignoire

Des vêtements

des bottes

un jean

un tee-shirt

un chapeau

Des jouets

un soldat

des perles

une voiture

une poupée

Des métiers

une avocate

un astronaute

une boulangère

Des animaux sauvages

un lion

un zèbre

une autruche

une panthère

Des oiseaux

un coq

une perruche

un canari

un pélican

Des légumes

des asperges

un céleri

des haricots

un poivron

Du mobilier

Des fruits

un ananas

une orange

une cerise

un pamplemousse

une pêche

Des vêtements

un pyjama

une chemise de nuit

des pantoufles

un peignoir

Des animaux rongeurs

un castor

un cobaye

un hamster

une souris

De petits animaux

un lézard

un ver de terre

un escargot

une grenouille

Des vêtements

une robe

des sandales

une casquette

un manteau

Des affaires d'école

des ciseaux

un tube de colle

du ruban adhésif

un stylo

un cahier

Des légumes

un chou

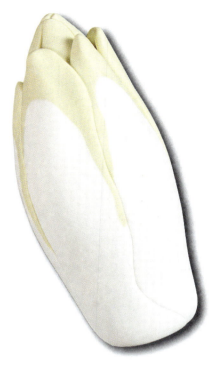
une endive

des épinards

un radis

Des métiers

un dentiste

un peintre

un facteur

Des animaux sauvages

Des animaux de la ferme

un cheval

une oie

un canard

un mouton

Des jouets

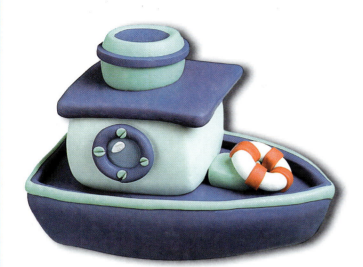

un ours en peluche

un bateau

un ballon

un cheval à bascule

Des moyens de transport

un autocar

un camion

un avion

Des métiers

un docteur

un mécanicien

un serveur

Des animaux de la forêt

un loup

un hibou

un castor

une chauve-souris

Des animaux qui transportent

un chameau

un éléphant

un cheval

un dromadaire

Des fruits

Des vêtements

des gants

un mouchoir

une ceinture

une jupe

Des affaires d'école

un trombone

un dessin

une corbeille à papier

un pinceau

Index

A

abeille 25
abricot 57
acteur 17
aigle 20
ananas 41
âne 31
araignée 25
armoire 18
artichaut 15
artiste 29
asperge 39
astronaute 36
aubergine 27
autocar 52
autruche 37
avion 52
avocat (fruit) 28
avocate 36

B

baignoire 33
baleine 13
ballon 51
banane 9
basket 16
bateau 6, 51
bison 26
blouson 11
boîte à surprise 10
boîte de peinture 12
bonnet 11
botte 34
boucher 29
boulangère 36

C

cahier 46
camion 52
canapé 18
canard 50
canari 19, 38
carotte 4
cartable 12
casquette 45
castor 43, 55
ceinture 58
céleri 39
cerf 14
cerise 41
chaise 40
chameau 56
champignon 4
chapeau 34
chat 19
château fort 24
chaussette 16
chaussure 11
chauve-souris 55
chemise 53
chemise de nuit 42
cheval 50, 56
cheval à bascule 51
chèvre 31
chien 19
chien à roulettes 24
chimpanzé 49
chou 47
chou-fleur 4
ciseaux 46
citron 28
cobaye 43
coccinelle 25
cochon 31
collant 53
commode 18
concombre 27
coq 7, 38
corbeille à papier 59
courgette 27
crabe 32
craie 30
cravate 53
crayon 12
crocodile 49
cube 24
cuisinier 22
cuisinière (appareil) 5

D

danseuse 22
dauphin 13
débardeur 23
dentiste 48
dessin 59
docteur 54
douche 33
dromadaire 56

E

écharpe 16
écureuil 14
éléphant 56
endive 47
épinards 47
escargot 44
étoile de mer 13

F

facteur 48
fauteuil 40
feutre 30
fraise 9
framboise 57
fusée 21

G

gant 58
gilet 11
girafe 8
gomme 12
gorille 26
grenouille 44
groseille 28

Index

H
hamster.................43
haricot.................39
hélicoptère..............6
hérisson................14
hibou...............20, 55
hippopotame............8

I
infirmière...............17

J
jean....................34
jupe....................58

K
kangourou..............26
koala...................49

L
laitue..................15
lapin...................31
lavabo.................33
lave-linge...............5
léopard.................8
lézard..................44
lion....................37
lit.....................40
locomotive.............24
loup...................55

M
maïs....................4
mandarine...............9
manteau...............45
marionnette............10
mécanicien.............54
melon..................57
moto....................6
mouchoir...............58
mouton.................50
mûre...................57

O
oie....................50
oignon..................4
orange.................41
ours...................49
ours en peluche........51

P
pamplemousse..........41
pantalon...............23
panthère...............37
pantoufle..............42
paon...................20
papillon................25
pêche..................41
peignoir...............42
peintre.................48
pélican................38
perle..................35
perroquet..............19
perruche...............38
petit pois..............15
phoque.................32
pieuvre................13
pilote..................22
pinceau................59
plongeur...............29
poire...................28
poireau................15
poisson rouge..........32
poivron................39
pomme..................9
poule...................7
poupée.................35
poussin.................7
pull...................23
punaise................12
pyjama................42

R
radis..................47
raisin..................57
réfrigérateur............5
règle..................30
renard.................14
requin.................32
robe...................45
robot..................10
ruban adhésif..........46

S
sandale................45
sauterelle..............25
serpent.................8
serveur................54
short..................16
slip....................53
soldat.................35
souris.................43
stylo..................46
sweat-shirt............23

T
table..................40
tableau................30
taille-crayon...........30
tee-shirt..............34
tigre..................26
tomate.................27
train..................21
trombone..............59
tube de colle..........46

V
vache...................7
vautour................20
vélo...................21
ver de terre...........44
voiture..............6, 35

Z
zèbre..................37